こんがり偏愛レシピ

焼き目がごちそう！ 香ばしさが調味料!!

市瀬悦子

"KONGARI" RECIPES
ETSUKO ICHISE

私は「こんがり」した料理が大好きです。

よく作るチキンソテーが上手に「こんがり」焼けたときは
「この！ここの"こんがり"がやっぱり最高！」と思うし、
そんなチキンソテーはとってもおいしく仕上がっています。
こんがりしたビジュアル、香り、そしてこんがりならではの食感。
すべてがおいしさにつながっているんだな、と思うのです。
そんなこんがり料理の魅力をお伝えしたいと思い、
肉、魚、野菜、豆腐と卵で作る、
日々活躍してくれるこんがり料理をご紹介いたします。
どれもフライパン調理だから難しいことはありません。
いつもの料理だって、上手に「こんがり」できたら、
ますますおいしくなりますよ！
このこんがりレシピが、
皆様の日々のごはん作りにお役に立てたらうれしいです。

市瀬悦子

こんがり偏愛レシピ ⇒ はじめに / こんがりが生むおいしさ

こんがりが生むおいしさ
⇓

「香りと風味」

野菜でも、肉でも、焼くといい香りがし、
食欲が増したり、食べたいな〜と
思ったりしたことはありませんか。
それは「メイラード反応」によるもの。
食材に含まれる糖とアミノ酸が熱に反応し、
さまざまな香りが生まれ、風味が増し、
シンプルな味つけでもおいしさが増します。

「食感」

ぎょうざ、チキンソテー、
ハッシュブラウンに、焼きおにぎり。
こんがりさせるだけでなく、
カリッとした食感に焼き上げると、
さらにおいしくなる料理があります。
カリッとしていないと少し残念。
それほど食感も大事ってことです。

上手にこんがりさせるコツ

火加減を調整する

最初に中火でこんがりさせたり、
最後に強火でこんがりさせたり。
料理によって、火加減とタイミングを
変えるのが大切です。

チラ見で確認する

レシピに「こんがりするまで3分焼く」とあっても、
途中少しめくってみたり、確認しながら
調理すると、素敵なこんがりに仕上がります。

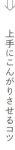

こんがり偏愛レシピ ⇩ 上手にこんがりさせるコツ

＼我慢／

＼フキフキ／

出てきた脂はふき取る

ベーコン、豚バラ肉、鶏もも肉など、
脂の多い肉は焼いている最中に、
どんどん脂が出てきます。
それをこまめにふくと、
香ばしく、さっぱり仕上がります。

焼き目がつくまで
触らない！

我慢できずに、しょっちゅう裏返したり、
動かしたりしてしまうと、
なかなか焼き目がつきません。
気持ちをこらえて見守って！

MEAT & FISH
"KONGARI"

VEGETABLES
"KONGARI"

肉と魚
でこんがり

野菜
でこんがり

011　皮パリチキンソテー レモンバターしょうゆ
013　ジャークチキン
014　フライパンガイヤーン
016　チャイニーズオレンジチキン
017　こんがりチキンピカタ
019　マリナードレモンチキンソテー
021　フライパンBBQスペアリブ
022　焼きとん
024　豚肉となすのしょうが焼き
025　豚肉のヨーグルトみそ漬けと焼き青菜
030　豚肉のハワイアンTeriyaki
030　豚肉とポテトのマスタードソテー
031　豚肉と小松菜のオイスター炒め
031　豚肉とかぶのこんがり塩炒め
033　こんがりハンバーグとバターコーン
034　フライパンケバブとヨーグルトソース
037　カリカリベーコンとチーズのサラダ
040　羽根つきパクチーぎょうざ
041　こんがりにらぎょうざ
043　豚肉と豆苗のチヂミ
044　牛肉と棒れんこんのみそきんぴら
045　牛肉とさつまいもの韓国風焼き
046　カリカリ麺のタイ風サラダ
048　もち明太の焼き春巻き
049　タイ風えびトースト
051　焼きさばとカリフラワーのディルマリネ
052　さんまのペッパーカレー塩焼き ししとうのっけ
054　鮭のソテー 焦がしバターソース
055　かじきのカレーヨーグルトソテー

058　焼きカリフラワー
060　かぼちゃのハーブマリネ
061　ハッシュブラウン
061　さつまいもの甘辛炒め
062　スパイシー焼きとうもろこし
062　台湾風ピリ辛焼き枝豆
062　焼きキャベツのホットサラダ
062　じゃがいもとオリーブの
　　　ビネガーバターソテー
064　焼きズッキーニとパンコントマテ
066　マッシュルームのアーリオ・オーリオ
067　焼き玉ねぎのバルサミコソース
068　丸ごと焼きピーマンとカリカリじゃこ
068　パリパリごぼうと水菜
069　焼きれんこんの照り焼き
069　大根ステーキ

TOFU & EGGS
"KONGARI"

RICE, NOODLES & BREAD
"KONGARI"

こんがり 偏愛 レシピ

⟱

目次

豆腐と卵
でこんがり

073 豆腐とにらのチャンプルー
074 豆腐のかば焼き
075 豆腐の生ハムバジルチーズカツレツ
076 厚揚げの焦がしねぎしょうゆ
077 やみつきレタスの油揚げのっけ
079 揚げ卵のエスニックサラダ
079 甘辛卵焼き
079 台湾風卵焼き

ごはん、麺、パン
でこんがり

082 あさりのこんがりフライパンパエリア
085 こんがり卵ごはん
086 山椒カリカリ豚の混ぜ寿司
087 ベーコン、アーモンド、クレソンの焼きめし
088 焼きさばのっけ寿司
089 焦がしねぎ塩焼きそば
091 ペッパーライスのベーコン巻きおにぎり
091 おかかチーズ焼きおにぎり
092 パンペルデュ
095 モンテクリスト
094 卵と炒めキャベツの
　　 フライパンホットサンド

⟹　こんがり料理を始める前に

● 小さじ1 は5ml、大さじ1 は15ml、1カップは200mlです。

● ごく少量の調味料の分量は「少々」または「ひとつまみ」としています。
　「少々」は親指と人差し指でつまんだ分量で、「ひとつまみ」は親指と人差し指と中指の3本でつまんだ分量になります。

● 「適量」はちょうどよい分量、「適宜」は好みで入れるということです。

● 電子レンジの加熱時間は600Wのものを使用した場合の目安です。500Wなら1.2倍を目安に時間を調整してください。

● 野菜類は特に指定のない場合は、洗う、むくなどの作業をすませてからの手順を説明しています。

● 調味料類は特に指定していない場合は、しょうゆは濃口しょうゆ、砂糖は上白糖、酢は米酢、
　こしょうは白こしょう、黒こしょうを好みで使ってください。

肉と魚

でこんがり

ぶよぶよした鶏肉の皮が苦手！って人も
しっかり焼いてこんがりさせると、喜んで食べる。
魚の匂いが苦手って人も
皮をこんがり焼くと、魚のおいしさに気づく。
こんがりが成せるワザのひとつ。

Sautéed Crispy Chicken
with Lemon Butter and Soy Sauce

"皮パリ"に焼き上げるには とにかく皮目をじっくり焼く!

皮パリチキンソテー
レモンバターしょうゆ

材料（2人分）

鶏もも肉 … 小2枚（400g）
　塩 … 小さじ1/3
　粗びき黒こしょう … 少々
大根おろし … 150g
青じそ … 適量
A ┌ しょうゆ・みりん … 各大さじ1
　└ 砂糖・レモン汁 … 各大さじ1/2
バター … 15g
サラダ油 … 小さじ1

作り方

1. 鶏肉は余分な脂肪を取って筋を切り、塩と粗びき黒こしょうをふる。大根おろしはざるに上げ、水気をきる。Aは混ぜる。

2. フライパンにサラダ油を弱めの中火で熱し、鶏肉を皮目を下にして入れる。ときどきトングで押さえ[a]、出てきた脂をペーパータオルでふきながら[b]、こんがりして、鶏肉のふちが白っぽくなるまで10分ほど焼く[c]。裏返し、弱火にしてさらに2～3分焼く。

3. 鶏肉を食べやすく切って器に盛り、大根おろし、ちぎった青じそを添える。

4. 2のフライパンにAとバターを入れて火にかける。煮立たせながら軽く煮詰め、3に回しかける。

こんがりのコツ

- 鶏肉の皮は伸ばしてから焼くと、全体が"皮パリ"になる。
- 凹んだ部分を押さえながら焼くと、まんべんなくこんがりする。
- 裏返すタイミングは、肉のふちが白くなってから。
- 蓋をしない分、じっくり焼くこと。

Jerk Chicken

スパイス×こんがりでビールにも合う、最高の一品

ジャークチキン

材料（2〜3人分）

鶏スペアリブ（手羽中ハーフ）
　…17〜18本（350g）
ライム … 適量

A
- 玉ねぎ … 1/8個（すりおろす）
- にんにく … 1片（すりおろす）
- 塩・オールスパイス … 各小さじ1
- パプリカパウダー … 小さじ1
- チリパウダー … 小さじ1
- オリーブオイル … 大さじ1

オリーブオイル … 小さじ1

作り方

1. 密閉袋にAを混ぜ、鶏スペアリブを入れてよくもみ込む。空気を抜いて口を閉じ、冷蔵庫に30分以上、できればひと晩置く[photo]。
2. フライパンにオリーブオイルを中火で熱し、たれを少し残る程度にこそげた鶏スペアリブを並べる。
3. 2〜3分焼いてこんがりしたら裏返し、蓋をして弱火にして5〜6分蒸し焼きにする。
4. 器に盛り、搾りやすく切ったライムを添える。

Pan-Fried Gai Yaang

仕上げの焼きつけで、エスニックだれがさらに濃厚に

フライパンガイヤーン

材料（4人分）

骨つき鶏もも肉 … 2本（600g）
　塩 … 小さじ1/2
パクチー … 2株
A ┌ にんにく … 2片（すりおろす）
　│ しょうゆ・酒 … 各大さじ1と1/2
　│ 砂糖・オイスターソース・レモン汁
　│ 　… 各大さじ1
　└ 粗びき黒こしょう … 小さじ1
サラダ油 … 大さじ1/2

こんがりのコツ

水分を飛ばしながら、
仕上げにカリッと香ばしく焼く。

作り方

1. 鶏肉は骨の両側に沿って深く切り込みを入れる。関節の部分で半分に切り分け、塩を全体にすり込む。

2. 密閉袋にAを混ぜ、鶏肉を入れてよくもみ込む。空気を抜いて口を閉じ、冷蔵庫にひと晩置く[photo]。

3. フライパンにサラダ油を中火で熱し、鶏肉の汁気を軽くきって皮目を下にして入れる。3分ほど焼いてこんがりしたら裏返し、蓋をして弱火にして8分ほど蒸し焼きにする。

4. 蓋を外して中火にし、水分を飛ばしながらもう一度両面を軽く焼きつける。器に盛り、ざく切りにしたパクチーを添える。

肉と魚でこんがり　⇨　フライパンガイヤーン

オレンジジュースで、アメリカンなチャイニーズ

チャイニーズオレンジチキン

Chinese Orange Chicken

材料（2人分）

鶏もも肉…1枚（250g）
パプリカ（赤）…1/2個
A ┃ にんにく…1/3片（すりおろす）
　┃ 酒…大さじ1
　┃ 塩・こしょう…各少々
B ┃ オレンジジュース…1/2カップ
　┃ しょうゆ・砂糖…各大さじ1と1/2
　┃ 片栗粉…小さじ2/3
片栗粉…適量
サラダ油…適量

作り方

1. パプリカは小さめのひと口大に切る。鶏肉は小さめのひと口大に切ってAをもみ込み、片栗粉をまぶす。Bは混ぜる。

2. フライパンにサラダ油を5mmほどの深さまで注いで中火で熱し、鶏肉を並べる。ときどき返しながらこんがりするまで3〜4分揚げ焼きする。余分な脂をペーパータオルでふき、パプリカを加えてこんがりするまで焼く。

3. Bを加え、照りが出るまで炒め合わせる。

肉と魚でこんがり ⇩ チャイニーズオレンジチキン ／ こんがりチキンピカタ

卵液をまとわせて、こんがりでもやわらか

こんがりチキンピカタ

材料（2人分）

鶏むね肉 … 1枚（250g）
　塩 … 小さじ1/4
　こしょう … 少々
A ［ トマトケチャップ … 大さじ1
　　 中濃ソース … 大さじ1
　　 赤ワイン … 大さじ1
　　 バター … 10g ］
溶き卵 … 2個分
サラダ油 … 大さじ1

作り方

1. 鶏肉は皮を取って厚さを半分に切り、ひと切れを3〜4枚のそぎ切りにして塩とこしょうをふる。

2. フライパンにサラダ油を弱めの中火で熱し、鶏肉を溶き卵にくぐらせて並べる。1分半ほど焼いて卵がかたまったら裏返し、1分半ほど焼く。中火にして、残りの卵液にもう一度くぐらせ、両面こんがりするまで焼く。卵液がなくなるまで繰り返し、器に盛る。

3. 2のフライパンにAを入れて混ぜ、中火にかける。ひと煮立ちさせたら2に回しかける。

Chicken Piccata

PAGE. 016 — 017

Marinated Lemon Chicken

レモンも一緒に焼くことで、爽やかな香りに

マリナード レモンチキンソテー

材料（2人分）

鶏もも肉…小2枚（400g）
レモンの輪切り…2枚
タイム…4本
クリームチーズ…適量
A ┃ 塩…小さじ2/3
　 ┃ こしょう…少々
　 ┃ オリーブオイル…小さじ2
オリーブオイル…小さじ1

作り方

1. 鶏肉は余分な脂肪を取って筋を切り、A、レモン、タイムをからめ、室温に15分ほど置く[a]。クリームチーズは室温に戻して練る。

2. フライパンにオリーブオイルを中火で熱し、鶏肉を皮目を下にして入れる。3〜4分焼いてこんがりしたら裏返す。1のレモンとタイムを加えて蓋をし、3分ほど蒸し焼きにする[b]。

3. 器に盛り、クリームチーズを添える。

a

b

Pan-Fried "BBQ" Spare Ribs

甘いたれに、滲み出る肉汁!
仕上げに火を強めてこんがりと

フライパン
BBQスペアリブ

材料（2人分）

豚スペアリブ（ハーフ）… 6本（450g）
クレソン … 適量

A
- 玉ねぎ … 1/4個（すりおろす）
- にんにく … 1/2片（すりおろす）
- トマトケチャップ … 大さじ2
- しょうゆ … 大さじ1
- はちみつ … 大さじ1/2
- 粗びき黒こしょう … 小さじ1/2

オリーブオイル … 大さじ1/2

作り方

1. 密閉袋にAを入れて混ぜ、豚スペアリブを入れる。袋の上からよくもみ、空気を抜いて口を閉じ、冷蔵庫にひと晩置く[a]。

2. フライパンにオリーブオイルを中火で熱し、たれを少し残る程度に軽くきったスペアリブを並べる。2〜3分焼いてこんがりしたら裏返し、水大さじ2（分量外）を回し入れて蓋をし、弱めの中火にして15分ほど蒸し焼きにする。

3. 蓋を外して強火にし、もう一度こんがりするまで返しながら焼く[b]。器に盛り、クレソンを添える。

> **こんがりのコツ**
>
> 水を加えて蒸し焼きにすることで、骨つき肉もほどよくこんがりする。

串に刺して焼くだけなのに、気分が上がる!

焼きとん

材料(2人分)

豚バラ焼肉用肉…12枚(250g)
 塩…小さじ1/4
 粗びき黒こしょう…少々
キャベツ…1/4個
A [みそ…大さじ1
 白すりごま・砂糖…各大さじ1/2
 豆板醤・ごま油…各小さじ1/2
 にんにく…少々(すりおろす)]
サラダ油…少々

作り方

1. 豚肉は竹串2本に2枚ずつ刺し、塩と粗びき黒こしょうをふる。Aは混ぜる。

2. フライパンにサラダ油を中火で熱し、豚肉を並べる。出てきた脂をペーパータオルでふきながら、こんがりするまで2〜3分焼き、裏返してさっと焼く。

3. 器に盛り、ざく切りにしたキャベツ、Aを添える。

こんがりのコツ 豚肉から出てきた脂をこまめにふくと、表面がカリッと香ばしくなる。

濃いめのたれでまとめた豚肉となすの豪快炒め

豚肉となすのしょうが焼き

材料（2人分）
豚ロースしょうが焼き用肉
　…6〜8枚（200g）
なす…2本
キャベツ…適量
A［しょうが…1片（すりおろす）
　 しょうゆ・酒・みりん…各大さじ2］
片栗粉…大さじ1
サラダ油…適量
マヨネーズ…適宜

作り方

1. なすはヘタを切り落とし、縦7〜8mm厚さの薄切りにする。豚肉とともに片栗粉をふって全体にまぶす。Aは混ぜる。

2. フライパンにサラダ油大さじ1/2を中火で熱し、豚肉を並べる。軽く焼き色がつくまで1分半ほど焼き、裏返してさっと焼いて取り出す。

3. サラダ油大さじ1/2を足して強めの中火で熱し、なすを並べる。こんがりするまで3分ほど焼き、裏返してさっと焼く。

4. 豚肉を戻し入れ、Aを加え［photo left］、ざっくりと返しながらからめる。

5. 器にせん切りにしたキャベツを広げ、4をたれごとのせ、好みでマヨネーズを添える。

ヨーグルトでしっとり、やわらかく！

豚肉のヨーグルトみそ漬けと焼き青菜

材料（2人分）
豚ロースとんかつ用肉 … 2枚（250g）
チンゲン菜 … 1株
A ┌ プレーンヨーグルト … 大さじ3
　└ みそ … 大さじ3
サラダ油 … 小さじ1

作り方

1. 豚肉は筋を切る。Aを混ぜて豚肉に均等に塗ってラップで1枚ずつぴったりと包み、冷蔵庫にひと晩置く。

2. チンゲン菜は長さ半分に切り、軸は縦6等分にくし形に切る。豚肉はたれが少し残る程度に軽くこそげる。

3. フライパンにサラダ油を中火で熱し、チンゲン菜の軸、葉の順に入れ、返しながらこんがりするまで焼き、器に盛る。

4. 3のフライパンに豚肉を入れて1分半ほど焼いてこんがりしたら裏返し、蓋をして弱火にして3分ほど蒸し焼きにする。

5. 豚肉を食べやすく切って3の器に盛り、チンゲン菜に塩少々（分量外）をふる。

こんがりのコツ
- 主役の豚肉はたれをこそげることで、ほどよくこんがり焼ける。
- 脇役のチンゲン菜も炒めるのではなく、あまり触らずに焼きつけ、焦げ目がついたら返しながら焼くようにする。

Pork Marinated in Yogurt and Miso

Hawaiian Pork Teriyaki

RECIPE p.30

豚肉のハワイアンTeriyaki

パイナップルと豚肉だけ。甘辛味がクセになる

Sautéed Pork and Potatoes with Mustard

RECIPE p.30

肉と魚でこんがり

豚肉のハワイアンTeriyaki / 豚肉とポテトのマスタードソテー

豚肉とポテトのマスタードソテー

豚肉も、じゃがいもも、しっかりこんがり焼くからおいしい

Pork and Mustard-Spinach Stir-Fried with Oyster Sauce

RECIPE p.31

豚肉と小松菜のオイスター炒め

小松菜の軸がシャキシャキと、リズムのある一品

Stir-Fried Pork and Turnip with Salt

RECIPE p.31

肉と魚でこんがり

⇩

豚肉と小松菜のオイスター炒め ／ 豚肉とかぶのこんがり塩炒め

豚肉とかぶのこんがり塩炒め

シンプルな塩炒めでも、大満足のおいしさ

PAGE: 028—029

p.26

p.27

豚肉のハワイアン Teriyaki

材料（2人分）

豚ロースとんかつ用肉…2枚（250g）
　塩…少々
　粗びき黒こしょう…少々
カットパイナップル…150g
A ┌ にんにく…1/4片（すりおろす）
　├ しょうゆ…大さじ1と1/2
　├ 砂糖…大さじ1
　└ 酒・トマトケチャップ…各大さじ1/2
オリーブオイル…大さじ1/2
パプリカパウダー…適宜

作り方

1. 豚肉は1枚を7〜8等分に切り、塩と粗びき黒こしょうをふる。ポリ袋に豚肉とカットパイナップルを入れて袋の外側から軽くもみ、空気を抜いて口を閉じ、冷蔵庫に30分ほど置く[photo]。Aは混ぜる。

2. フライパンにオリーブオイルを中火で熱し、1を入れて焼く。2分ほど焼いてこんがりしたら裏返し、さらに1〜2分焼く。Aを加えて照りよくからめる。

3. 器に盛り、好みでパプリカパウダーをふる。

豚肉とポテトのマスタードソテー

材料（2人分）

豚こま切れ肉…150g
　塩…小さじ1/4
　粗びき黒こしょう…少々
　薄力粉…小さじ1
じゃがいも…2個
ローズマリー（あれば）…2本
A ┌ 粒マスタード…大さじ1/2
　├ 塩…小さじ1/4
　└ にんにく…少々（すりおろす）
オリーブオイル…適量

作り方

1. じゃがいもは皮をむいて厚さ1cmの半月切りにし、さっと水にさらして水気をきる。豚肉は塩と粗びき黒こしょうをふり、薄力粉を全体にまぶす。

2. フライパンにオリーブオイル大さじ1/2を中火で熱し、じゃがいもが重ならないように並べる。3分ほど焼いてこんがりしたら裏返し、ローズマリーをのせ、じゃがいもに竹串がスーッと通るまで蓋をして弱火にして3〜4分蒸し焼きにする。

3. じゃがいも、ローズマリーをフライパンの端に寄せ、空いたところにオリーブオイル大さじ1/2を足して豚肉を炒める。こんがりしたらAを加え、全体に炒め合わせる。

> **こんがりのコツ**
>
> じゃがいもはこんがり焼き目がついたら裏返し、蓋をしてローズマリーの香りを移しながら蒸し焼きにする。

p.28

豚肉と小松菜の
オイスター炒め

材料（2人分）

豚バラ薄切り肉…150g
　　塩…少々
　　粗びき黒こしょう…少々
小松菜…小1束
玉ねぎ…1/2個
A ┌ 酒…大さじ1
　│ オイスターソース…大さじ1/2
　│ しょうゆ…大さじ1/2
　└ 粗びき黒こしょう…少々
サラダ油…小さじ1

作り方

1. 小松菜は根元を切り落とさず、6cm幅に切り、太い軸は縦半分に切る。玉ねぎは1cm幅のくし形切りにする。豚肉は6～7cm幅に切って塩と粗びき黒こしょうをふる。Aは混ぜる。

2. フライパンにサラダ油を強めの中火で熱し、豚肉、小松菜の軸、玉ねぎを入れて焼きつける。2分ほどしてこんがりしたら小松菜の葉を加える。

3. Aを加え、手早く炒め合わせる。

こんがりのコツ

炒めるとこんがり色が薄くなるので、初めに焼き目をしっかりつけてから炒める。

p.29

豚肉とかぶの
こんがり塩炒め

材料（2人分）

豚こま切れ肉…150g
A ┌ 酒…大さじ1/2
　│ 片栗粉…小さじ1/2
　└ 塩…小さじ1/4
かぶ…2個
赤唐辛子…1本（種を取る）
塩…小さじ1/4
サラダ油…小さじ1

作り方

1. かぶは軸を3cmほど残して切り落として皮をむき、6等分のくし形切りにする。豚肉はAをもみ込む。

2. フライパンにサラダ油、赤唐辛子を入れて中火で熱し、豚肉とかぶを入れて焼きつける。2分ほどしてこんがりしたら豚肉をほぐしながら炒め、かぶは裏返して竹串がスーッと通るまで2～3分焼く。

3. 塩をふり、さっと炒め合わせる。

こんがりのコツ

動かさずに、しっかり焼いてから炒める。

Kongari Hamburg Steak with Buttered Corn

肉汁ジュワ〜のこんがりハンバーグは最強！

こんがりハンバーグとバターコーン

材料（2人分）

合いびき肉 … 250g
玉ねぎ … 1/2個（みじん切りにする）
ホールコーン缶 … 1缶（正味120g）
A ┌ 生パン粉 … 1/2カップ
　 │ 牛乳 … 大さじ2
　 │ 溶き卵（Sサイズの卵）… 1個分
　 │ 塩 … 小さじ1/4
　 └ こしょう … 少々
B ┌ 玉ねぎ … 1/4個（すりおろす）
　 │ しょうゆ・酒・砂糖 … 各大さじ1と1/2
　 │ 酢 … 大さじ1
　 └ 片栗粉 … 小さじ1/4
バター … 10g
サラダ油 … 適量

作り方

1. フライパンにサラダ油小さじ1を中火で熱し、玉ねぎを入れてしんなりするまで炒め、冷ます。

2. Aの生パン粉は牛乳と混ぜ、ふやかす。Bの玉ねぎ以外を混ぜる。

3. ボウルにひき肉、1、2のパン粉、残りのAを入れ、粘り気が出るまで練り混ぜる。2等分にして軽くまとめ、空気を抜いて厚さ1.5〜2cmの小判形にする。

4. フライパンにバターを入れて中火で熱し、汁気をきったコーンを入れ、こんがりするまで炒める。コーンが弾けることがあるので気になる場合は蓋をする。

5. 別のフライパンにサラダ油小さじ1を中火で熱し、3を並べる。2分〜2分半焼いてこんがりしたら裏返し[a]、蓋をして弱火にして6分ほど蒸し焼きにする[b]。

6. 小さめのフライパンにBの玉ねぎを入れて火にかける。汁気がなくなるまで炒めたら、混ぜておいた残りのBを加える。混ぜながら煮立たせ、軽くとろみがついたら5に加えてからめ、コーンとともに器に盛る。

> **こんがりのコツ**
> ハンバーグは最初にしっかり焼き目をつけると、ひび割れせず、肉汁をキープできる。

a

b

ヨーグルトソースの酸味で
さっぱり食べられるおうちケバブ

フライパンケバブと
ヨーグルトソース

材料（2人分）

合いびき肉…250g
紫玉ねぎ…適量
ミント…適量

A [玉ねぎ…1/4個（みじん切りにする）
にんにく…1/4片（すりおろす）
溶き卵（Sサイズの卵）…1個分
塩・クミンパウダー・ガラムマサラ
　…各小さじ1/3]

B [ディル…2〜3本（葉先を摘む）
プレーンヨーグルト…大さじ4
オリーブオイル…大さじ1/2
塩…小さじ1/4]

オリーブオイル…小さじ1

作り方

1. ボウルにひき肉とAを入れて粘り気が出るまで練り混ぜる。6等分にして軽くまとめ、長さ12cmほどの棒状にする[a]。

2. Bは混ぜ合わせる。

3. フライパンにオリーブオイルを中火で熱し、1を並べる。2分〜2分半焼いてこんがりしたら裏返し[b]、蓋をして弱火にして5分ほど蒸し焼きにする。

4. 器に盛り、B、薄切りした紫玉ねぎ、ミントを添える。

> こんがりのコツ

ときどきフライ返しで押さえて焼くと、均等にこんがりする。

Pan-Fried Kebabs with Yogurt Sauce

肉と魚でこんがり

フライパンケバブとヨーグルトソース

PAGE. 034 — 035

とにかくクリスピー！
どんなサラダにも合う、ベーコンの焼き方

カリカリベーコンと
チーズのサラダ

材料（2〜3人分）
ベーコン…6枚
春菊…80g
トレビス（またはクレソン）…50g
カマンベールチーズ…1/2個
A ┌ オリーブオイル…大さじ1と1/2
  │ しょうゆ…小さじ1
  └ 塩・おろしにんにく…各少々

作り方
1. 春菊は葉を摘み、大きな葉は半分にちぎる。トレビスはひと口大にちぎる。カマンベールチーズも食べやすくちぎる。
2. フライパンにベーコンを入れて強めの中火で熱し、出てきた脂をペーパータオルでふきながら、こんがりするまで1〜2度返しながら焼く。
3. ボウルにAを混ぜ、1を加えて和えて器に盛り、ベーコンをのせる。

[こんがりのコツ]

ベーコンの表面に出てきた脂もふくことで[photo]、さらにカリッと仕上がる。

Coriander Potstickers with "Crispy Wings"
羽根つきパクチーぎょうざ

肉と魚でこんがり

⇩

羽根つきパクチーぎょうざ ／ こんがりにらぎょうざ

RECIPE p. 41

Chive Potstickers
こんがりにらぎょうざ

パリッパリの羽根は、ぎょうざと同じくらいごちそう

羽根つきパクチーぎょうざ

材料（2人分）

豚ひき肉 … 130g
パクチー … 1束（30g）
しょうが … 1片（みじん切りにする）
ライム … 適量
ぎょうざの皮 … 12枚
A ┃ 酒・ナンプラー … 各小さじ2
　 ┃ 片栗粉 … 小さじ1
B ┃ 水・熱湯 … 各1/3カップ
　 ┃ 薄力粉 … 小さじ4
サラダ油 … 大さじ1
ごま油 … 大さじ1

作り方

1. パクチーは1cm幅に切る。

2. ボウルにひき肉、しょうが、Aを入れ、粘り気が出るまで練り混ぜる。さらにパクチーを加えてさっと混ぜ[a]、ぎょうざの皮に1/12量ずつのせ、ふちに水をつけて包む。

3. 底の直径が22cmほどのフライパンにサラダ油を中火で熱し、2を並べ、こんがりするまで2分ほど焼く。Bを混ぜて回し入れ[b]、蓋をして水分がほぼなくなるまで中火のまま8〜9分蒸し焼きにする。

4. 蓋を外して余分な水分を飛ばし、フライパンのふちからごま油を回し入れ[c]、羽根がこんがりとカリッするまで焼く。

5. 器に盛り、搾りやすく切ったライムを添える。

こんがりのコツ

- 焼いてる最中、均等に火が当たるようにフライパンを動かしながら焼くと、焼きムラが出にくくなる。
- 最後の仕上げにごま油を注ぐと、香りよく、羽根もカリッと焼き上がる。

a

b

c

フライパンにぎゅっと詰めて焼く！ それだけで感動

こんがりにらぎょうざ

材料（2〜3人分）

豚ひき肉 … 200g
にら … 1束
しょうが … 1片（みじん切りにする）
ぎょうざの皮 … 24枚
A ┌ 酒 … 大さじ2
  │ オイスターソース・片栗粉
  │   … 各大さじ1/2
  └ 塩 … 小さじ1/4
片栗粉 … 適量
サラダ油 … 大さじ1
ごま油 … 大さじ1
酢 … 適量
しょうゆ … 適量
ラー油 … 適量

作り方

1. にらは根元のかたい部分を切り落とし、5mm幅に切る。

2. ボウルにひき肉、しょうが、**A**を入れ、粘り気が出るまで練り混ぜる。さらににらも加えて混ぜる。ぎょうざの皮に1/24量ずつのせ、ふちに水をつけて包み、片栗粉を薄くふったバットに並べる。

3. フライパンにサラダ油を中火で熱し、**2**を並べる。こんがりするまで2分ほど焼き、水1/2カップ（分量外）を回し入れて蓋をし、中火のまま6分ほど蒸し焼きにする。

4. 蓋を外して余分な水分を飛ばし、フライパンのふちからごま油を回し入れてカリッと焼き上げ、器に盛る[a][b]。酢、しょうゆ、ラー油を添える。

Pork and Bean Sprout Chijimi

カリ&モチ食感がクセになる

豚肉と豆苗のチヂミ

材料（2人分）
豚バラ薄切り肉…80g
　塩…少々
豆苗…1/2袋
A ┌ 溶き卵…1/2個分
　├ 水・薄力粉…各1/2カップ
　├ 片栗粉…大さじ3
　└ 塩…小さじ1/4
ごま油…適量
コチュジャン…適量
ポン酢しょうゆ…適量

作り方

1. 豆苗は3cm幅に切る。豚肉は半分に切って塩をふる。

2. ボウルにAを混ぜ、1を加えてざっくりと混ぜる。

3. フライパンにごま油大さじ1を中火で熱する。2を流し入れてフライパンいっぱいに広げ、平らにならす。こんがりするまで3分ほど焼いたら裏返し、フライパンのふちからごま油大さじ1を足し、フライ返しでときどき押さえながら3〜4分焼く。

4. 食べやすく切って器に盛り、コチュジャン、ポン酢しょうゆを添える。

こんがりのコツ
- フライ返しで押さえながら、まんべんなく焼き色をつける。
- 裏返してから油を足すと、両面こんがり仕上がる。

肉と魚でこんがり ⇩ 豚肉と豆苗のチヂミ

MISO KINPIRA
with Beef and Renkon

香ばしいみそ仕立てで、いつものきんぴらと目先を変えて

牛肉と棒れんこんのみそきんぴら

材料（2人分）
牛切り落とし肉 … 150g
れんこん … 250g
A ┃ 赤唐辛子 … 1本
　　（種を取り、小口切りにする）
　┃ みそ … 大さじ1と1/2
　┃ 酒・みりん … 各小さじ2
　┃ しょうゆ … 小さじ1/2
ごま油 … 適量

作り方

1. れんこんは皮をむき、長さ6cm、太さ1cm程度の棒状に切る。さっと水にさらし、水気をきる。Aは混ぜる。

2. フライパンにごま油小さじ1を強めの中火で熱し、れんこんを入れて焼きつける。こんがりするまで3～4分動かさずに焼く。

3. こんがりしたらフライパンの端に寄せ、空いているところにごま油小さじ1を足し、牛肉を入れて炒める[a]。肉の色が変わったらAを加え[b]、全体を炒め合わせる。

こんがりのコツ　火が通りにくいれんこんはあまり触らず、じっくり焼く。

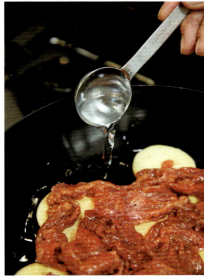

Korean-Style
Pan-Fried Beef and
Sweet Potatoes

重ねることで、さつまいもに肉の旨みが染み込む

牛肉とさつまいもの韓国風焼き

材料（2人分）

牛切り落とし肉…150g
さつまいも…1本（250g）
A ［ にんにく…1/4片（すりおろす）
コチュジャン・砂糖…各大さじ1
しょうゆ・ごま油…各大さじ1/2
酢…小さじ1/2 ］
白すりごま…適量

作り方

1. さつまいもは皮つきのまま1cm厚さの輪切りにし、さっと水にさらして水気をきる。ボウルにAを混ぜ、牛肉を加えてもみ込む。

2. フライパンにさつまいもを重ならないように広げ、その上に牛肉を広げて重ねる。水1/2カップ（分量外）を回し入れ[a]、蓋をして中火にかけて8分ほど蒸す[b]。

3. 蓋を外し、水分を飛ばしながらこんがりするまで焼く。白すりごまをふり、さっと混ぜて器に盛る。

こんがりのコツ　蒸したときに出た水分を飛ばすと、しっかりこんがり仕上がる。

香ばしく煎った米のトッピングが
サラダのおいしさを引き立てる

カリカリ麺の
タイ風サラダ

材料（2人分）
鶏ひき肉…150g
紫玉ねぎ…1/2個
パクチー…1束
ミント…1パック
米…大さじ2
中華蒸し麺…1玉
A ［ナンプラー・レモン汁…各大さじ1と1/2
　　サラダ油・砂糖…各大さじ1］
サラダ油…適量

作り方

1. フライパンに米を入れ、きつね色になるまで乾煎りし[a]、すり鉢で粗くつぶす。紫玉ねぎは薄切り、パクチーとミントはざく切りにする。

2. フライパンにサラダ油大さじ1を強めの中火で熱し、中華蒸し麺を軽くほぐしてフライパンの底いっぱいに広げる。フライ返しで押さえながらこんがりするまで3〜4分焼き[b]、裏返し、サラダ油大さじ1を足して同様に焼く。両面こんがりしたら取り出し、大きめのひと口大に切る[c]。

3. 2のフライパンにひき肉を加え、ほぐしながら肉の色が変わるまで炒める。

4. ボウルにAを混ぜ、紫玉ねぎ、炒めたひき肉を入れ、玉ねぎがしんなりするまで和える。米、2の麺、パクチー、ミントを入れて和える。

〈こんがりのコツ〉
麺はフライ返しで押さえながら、カリッとするまでしっかり焼く。

肉と魚でこんがり → カリカリ麺のタイ風サラダ

Thai-Style Salad with Crispy Noodles

Fried Spring Rolls with Rice Cake and Mentaiko

明太子に、しそ、もち、香ばしい皮。間違いなしの組み合わせ

もち明太の焼き春巻き

材料(2〜3人分)

辛子明太子…1腹(60g)
青じそ…6枚
もち…4個
春巻きの皮…6枚
A [薄力粉…大さじ1/2
    水…大さじ1/2]
サラダ油…大さじ2

作り方

1. もちは縦長に3等分に切る。辛子明太子は薄皮を取ってほぐす。Aは混ぜる。

2. まな板に春巻きの皮の角を手前にして置く。青じそ1枚をのせ、辛子明太子の1/6量を塗り、もち2切れを横長にのせる[photo]。手前から2〜3巻きして両側を内側に折り、ふちにAを塗って最後まで巻く。

3. フライパンにサラダ油を弱めの中火で熱し、2を並べる。ときどき返しながらこんがりするまで3〜4分焼く。

こんがりのコツ　途中、焼き色が濃くなったら火を弱める。

プリップリえびをのせた、おつまみエスニックパン

タイ風えびトースト

材料（2〜3人分）
むきえび…100g
パクチー…適量
食パン（8枚切り）…1枚
A [卵白…1個分
片栗粉…小さじ1/2
ごま油…小さじ1/2
ナンプラー…小さじ1/2]
サラダ油…大さじ2
スイートチリソース…適量

作り方
1. むきえびはあれば背ワタを取り、刻んで軽く粘り気が出るまでたたく。ボウルに入れ、Aを加えて混ぜ合わせ、食パンに均等に塗る[photo]。
2. フライパンにサラダ油を弱火で熱し、1のえびの面を下にして揚げ焼きする。7〜8分してえびに火が通ってこんがりしたら裏返し、さらに1〜2分揚げ焼きする。
3. 4等分に切り、器に盛り、パクチーを添え、スイートチリソースをかける。

こんがりのコツ　えびにしっかり火を通したいので、弱火でじっくり焼く。

肉と魚でこんがり → もち明太の焼き春巻き ／ タイ風えびトースト

Mackerel and Cauliflower Marinated with Dill

こんがり焼いたさばとカリフラワー。
旨みが移ったオイルは
パンにつけても最高

焼きさばと
カリフラワーの
ディルマリネ

材料（2人分）
さば … 半身1枚（正味170g）
　塩 … 小さじ1/4
カリフラワー … 1/2株（150g）
ディル … 4〜5本
A ┃ 玉ねぎ … 大さじ2（みじん切りにする）
　 ┃ オリーブオイル … 大さじ3
　 ┃ レモン汁 … 大さじ1
　 ┃ 塩 … 小さじ1/3
オリーブオイル … 大さじ1/2

作り方
1. カリフラワーは小房に分ける。さばは骨を抜き、2cm幅のそぎ切りにして塩をふる。バットにA、葉先を摘んだディルを混ぜる。

2. フライパンにカリフラワーを広げ、水1/3カップ（分量外）と塩少々（分量外）をふり、蓋をする。中火にかけ、4分ほど蒸し、蓋を外して水分が残っていれば飛ばす。

3. 2のフライパンにオリーブオイルを加え、さばを並べる。カリフラワーとともに両面1〜2分ずつこんがり焼き、1のバットに加えて和え、なじませる。

> こんがりのコツ
> カリフラワーは最初に蒸して火を通してから、さばとともに焼きつけてこんがりさせる。

香ばしいパリパリの皮とカレー味！
新しいさんまの楽しみ方

さんまの
ペッパーカレー塩焼き
ししとうのっけ

材料（2人分）

さんま … 2尾
しし唐辛子 … 5本
にんにく … 1片
A ┌ カレー粉 … 小さじ1
　├ 粗びき黒こしょう … 小さじ1
　└ 塩 … 小さじ1/4
薄力粉 … 適量
オリーブオイル … 大さじ1/2

作り方

1. しし唐辛子は薄い小口切りにする。にんにくは縦半分に切って芯を取る。

2. さんまは斜め半分に切ってワタを取り、中骨に沿って菜箸を当てて血をかき出す。水でよく洗い流し、ペーパータオルで水気をよくふく。Aをふってなじませ、薄力粉を薄くまぶす[a]。

3. フライパンにオリーブオイル、にんにくを入れて中火で熱し、さんまを並べる。3分ほど焼いてこんがりしたら、裏返して蓋をし[b]、弱火にして5分ほど蒸し焼きにする。仕上げにしし唐辛子を散らす。

> **こんがりのコツ**
>
> さんまは焼き目をつけたら、蓋をして弱火でしっかり火を通す。

Grilled Saury with Pepper Curry and Salt

Sautéed Salmon with Browned Butter

焦がしバターの香ばしさで、いつものソテーもワンランクアップ

鮭のソテー 焦がしバターソース

材料（2人分）

生鮭 … 2切れ（200g）
　塩 … 小さじ1/2
　こしょう … 少々
　薄力粉 … 適量
ほうれん草 … 1束
A［ レモン汁 … 大さじ1
　　塩 … ひとつまみ ］
バター … 30g
サラダ油 … 小さじ1

作り方

1. 生鮭は塩をふって5分ほど置き、ペーパータオルで水気をふく。こしょうをふり、薄力粉を薄くまぶす。
2. ほうれん草は5cm幅に切り、太い軸は縦半分に切る。
3. フライパンにバター10gを中火で熱し、ほうれん草を炒める。しんなりとしたら、塩とこしょう各少々（分量外）をふって軽く混ぜ、器に盛る。
4. フライパンにサラダ油を中火で熱し、鮭を焼く。3分ほど焼いてこんがりしたら裏返し、弱めの中火で3分ほど焼いて3の器に盛る。
5. ペーパータオルでフライパンをさっとふき、残りのバターを入れて中火で熱し、溶けたらフライパンを回しながら焦げて薄茶色になるまで加熱する［photo］。Aを加えて混ぜ、4にかける。

［ こんがりのコツ ］
バターは焦げやすいので、Aを加えるタイミングが大切。

Sautéed Marlin with Yogurt Curry

ヨーグルトの酸味とカレー粉の辛みをまとわせて！

かじきのカレーヨーグルトソテー

材料（2人分）

かじき…2切れ（250g）
ヤングコーン…8本
A [プレーンヨーグルト…大さじ3
    トマトケチャップ…小さじ1
    カレー粉・塩…各小さじ1/2]
オリーブオイル…小さじ2
塩…少々
粗びき黒こしょう…少々

作り方

1. ポリ袋にAを入れて混ぜ、かじきを入れる。袋の上からよくもみ、空気を抜いて口を閉じ、冷蔵庫にひと晩置く。

2. ヤングコーンは縦半分に切る。かじきのたれを少し残る程度に軽くこそげる[photo]。

3. フライパンにオリーブオイルを中火で熱し、かじき、ヤングコーンを並べる。1〜2分焼いてこんがりしたら裏返し、弱火にして4〜5分焼く。ヤングコーンに塩をふる。

4. 3を器に盛り、粗びき黒こしょうをふる。

野菜

でこんがり

茹でるよりも焼いたほうがだんぜんおいしい。
こんがり焼けば、野菜のおいしさを再発見。
甘みと旨みがぐ——んっと詰まって
いつもの野菜が濃厚野菜に大変身。

こんがり焼いて
チーズを散らすだけ。
それだけで食卓が華やかに！

焼きカリフラワー

材料（2人分）
カリフラワー…1/2株（150g）
パルミジャーノ・レッジャーノ…適量
塩…小さじ1/4
オリーブオイル…小さじ1

作り方

1. カリフラワーは中央の軸をつけたまま1.5cm幅に切る。

2. フライパンにカリフラワーを入れて水1/3カップ（分量外）を回し入れ[a]、塩をふって蓋をする。中火にかけ、そのまま6分ほど蒸す。

3. 蓋を外して余分な水分を飛ばし、オリーブオイルを回し入れ[b]、こんがりするまで焼きつける。器に盛り、パルミジャーノ・レッジャーノを削って散らす。

> **こんがりのコツ**
> 火の通りにくいカリフラワーは、まず蒸して火を通したあとに、こんがりさせる。

野菜でこんがり ⇒ 焼きカリフラワー

Sautéed Cauliflower

Herb-Marinated Pumpkin

甘く焼き上げたかぼちゃにハーブの香りを効かせて

かぼちゃのハーブマリネ

材料（作りやすい分量）

かぼちゃ … 小1/4個（300g）
にんにく … 2片
ローズマリー … 2本
A ┌ オリーブオイル … 大さじ4
  │ レモン汁 … 大さじ1
  │ 塩 … 小さじ1/2
  └ こしょう … 少々
オリーブオイル … 大さじ1/2

作り方

1. かぼちゃは種とワタを取って長さ半分に切り、厚さ1cmのくし形切りにする。にんにくは半分に切ってつぶす。バットに**A**を混ぜる。

2. フライパンにオリーブオイル、にんにく、ローズマリーを入れて中火で熱し、焼き色がついたらバットに加える。

3. フライパンにかぼちゃを並べ、こんがりするまで3分ほど焼き、裏返し、蓋をして3〜4分蒸し焼きにする。熱いうちに**2**に加えて和え、15分ほど置いて味をなじませる。

ハッシュブラウン

材料（2人分）

じゃがいも…2個
オリーブオイル…大さじ3
塩…ひとつまみ
粗びき黒こしょう…ひとつまみ
マスタード…適量

作り方

1. じゃがいもは、あればスライサーで細いせん切りにする。
2. フライパンにオリーブオイル大さじ2を中火で熱し、じゃがいもを1/4量ずつ平たい丸形にして並べる。ときどきフライ返しで押さえながらこんがりするまで3〜4分焼く。
3. こんがりして底のじゃがいもがかたまったら裏返し、フライパンのふちから残りのオリーブオイルを回し入れ、さらに6〜7分焼く。
4. 器に盛り、塩と粗びき黒こしょうをふり、マスタードを添える。

こんがりのコツ
- じゃがいもは水にさらさずに焼くことで、いも同士がくっついて、カリッと焼き上がる。
- 水分が多めのじゃがいもの場合は、ペーパータオルで包んで水気を絞る。

Hash Browns
外はカリカリ、中はホクホク！

さつまいもの甘辛炒め

材料（2人分）

さつまいも…小1本（200g）
砂糖…大さじ3
しょうゆ…小さじ1
黒炒りごま…小さじ1
サラダ油…大さじ1

作り方

1. さつまいもは皮つきのまま長さ5〜6cm、7〜8mm角の棒状に切る。さっと水にさらし、ペーパータオルで水気をふく。
2. フライパンにサラダ油を中火で熱し、さつまいもを入れて竹串がスーッと通り、こんがりするまで4分ほど炒める。
3. 砂糖を加えて混ぜ、溶けたらしょうゆと黒炒りごまを加えてカリッとするまで炒め合わせる。

こんがりのコツ
さつまいもは「焼きつけてざっと裏返す」を繰り返して炒めると、こんがりしやすい。

Stir-Fried Sweet Potato
さつまいもの甘みにしょうゆ！
箸が止まらない、みんなが大好きな味

野菜でこんがり

かぼちゃのハーブマリネ ／ ハッシュブラウン ／ さつまいもの甘辛炒め

とうもろこしの甘みにチーズの塩気が◎

スパイシー焼きとうもろこし

材料（2人分）

とうもろこし … 1本

粉チーズ … 適量

A｜ バター … 10g
　｜ しょうゆ … 小さじ1
　｜ 塩・粗びき黒こしょう・チリパウダー
　｜ 　… 各少々

サラダ油 … 小さじ1

作り方

1. とうもろこしは3等分にし、縦半分に切る。

2. フライパンにサラダ油を中火で熱し、とうもろこしを入れて返しながら3〜4分焼く。実を下にして水大さじ4（分量外）をふり、蓋をして弱火にして5分ほど蒸し焼きにする。

3. Aを加え、こんがりするまで焼く。粉チーズをふってさっと混ぜ、器に盛る。

いつもの枝豆がさらにおいしい

台湾風ピリ辛焼き枝豆

材料（2人分）

冷凍枝豆 … 200g

A｜ にんにく … 2片（みじん切りにする）
　｜ 赤唐辛子 … 3本（種を取り、小口切りにする）
　｜ 花椒（ホール） … 小さじ1
　｜ 塩 … 少々

ごま油 … 大さじ1

作り方

1. 冷凍枝豆は袋の表示通りに解凍する。

2. フライパンにごま油を強めの中火で熱し、枝豆をこんがりするまで、返しながら3分ほど焼く。

3. Aを加えてにんにくが薄く色づくまで炒める。

焼いたキャベツにナッツの食感をオン

焼きキャベツのホットサラダ

材料（2人分）

キャベツ … 1/3個

ミックスナッツ（素焼き） … 40g

A｜ マヨネーズ … 大さじ3
　｜ 牛乳 … 大さじ1/2
　｜ 塩・おろしにんにく … 各少々

塩 … ふたつまみ

オリーブオイル … 大さじ1/2

作り方

1. キャベツは芯をつけたまま4等分のくし形に切る。ミックスナッツは粗く刻む。Aは混ぜる。

2. フライパンにオリーブオイルを強めの中火で熱し、キャベツの切り口を下にして並べる。軽く押さえながら3分ほど焼き、こんがりしたら裏返して塩をふり、蓋をして弱火にして5〜6分蒸し焼きにする。

3. 器に盛り、ミックスナッツをふり、Aをかける。

ワインもすすむ、じゃがいものおつまみ

じゃがいもとオリーブの
ビネガーバターソテー

材料（2人分）

じゃがいも … 2個

グリーンオリーブ（種抜き） … 8個

A｜ バター … 10g
　｜ 酢 … 小さじ1
　｜ 塩 … ひとつまみ

オリーブオイル … 大さじ1

作り方

1. じゃがいもは皮をむいて8〜10等分の小さめのひと口大に切る。

2. フライパンにオリーブオイルを中火で熱し、じゃがいもを焼く。2〜3分してこんがりしたら裏返し、蓋をして竹串がスーッと通るまで、弱火にして7分ほど蒸し焼きにする。

3. グリーンオリーブとAを加え、全体がこんがりするまで炒め合わせる。

Baked Zucchini and Pan Con Tomate

こんがり焼くだけで、こんなにおいしいシンプルプレート

焼きズッキーニとパンコントマテ

材料（2人分）

ズッキーニ…1本
　塩…少々
　粗びき黒こしょう…少々
トマト…小1個
にんにく…1/2片
バゲット…小1本
オリーブオイル…適量

作り方

1. ズッキーニは縦半分に切る。切り口に格子状に切り込みを入れ[a]、塩と粗びき黒こしょうをふる。

2. バゲットは縦半分に切り、切り口ににんにくをこすりつけ、グリルやオーブントースターでこんがりするまで焼く。トマトを横半分に切り、焼いたバゲットの切り口にこすりつける[b]。

3. フライパンにオリーブオイルを強めの中火で熱し、ズッキーニの切り口を下にして入れ、こんがりするまで2〜3分焼く。裏返し[c]、3分ほど焼いて器に盛り、2を添える。塩少々（分量外）をふり、オリーブオイルを回しかける。

> こんがりのコツ
>
> ズッキーニはときどき押さえながら焼くと、しっかり焼き目がつきやすい。

野菜でこんがり ⇩ 焼きズッキーニとパンコントマテ

PAGE. 064 — 065

にんにくのほどよいこんがりがおいしさの決め手

マッシュルームのアーリオ・オーリオ

材料（2人分）

マッシュルーム … 1パック
にんにく … 2片（みじん切りにする）
パセリ … 大さじ1（粗みじん切りにする）
赤唐辛子 … 1本（種を取り、小口切りにする）
塩 … ひとつまみ
こしょう … 少々
オリーブオイル … 適量

作り方

1. マッシュルームは縦に半分に切る。
2. フライパンにオリーブオイル小さじ2を中火で熱し、マッシュルームを焼きつける。こんがりしたらオリーブオイル小さじ1を足してにんにく、赤唐辛子を加え、香りが出るまで炒めて塩とこしょうをふる。パセリを加えてさっと混ぜる。

> こんがりのコツ
> にんにくは焦げやすいからあとから加える。

Mushroom Arrio Orio

焼くほどに甘くなる玉ねぎを、バルサミコの酸味で引き締める

焼き玉ねぎのバルサミコソース

材料（2人分）

玉ねぎ … 1個（200g）
A ┃ バルサミコ酢 … 大さじ1
　 ┃ しょうゆ・砂糖 … 各大さじ1/2
塩 … ひとつまみ
バター … 適量
オリーブオイル … 小さじ1
粗びき黒こしょう … 少々

作り方

1. 玉ねぎは1.5cm幅の輪切りにする。
2. フライパンにオリーブオイルを強めの中火で熱し、玉ねぎを並べる。2〜3分焼いてこんがりしたら裏返し、弱めの中火にして3〜4分焼いて塩をふって器に盛り、バターをちぎってのせて溶かす。
3. フライパンをペーパータオルで軽くふき、Aを入れて混ぜ、中火にかける。煮立って軽くとろみがついたら2に回しかけ、粗びき黒こしょうをふる。

Grilled Onion with Balsamic Sauce

Crisp Burdock and Mizuna Greens
Whole Baked Peppers and Crispy Jako

ピーマンは丸ごと焼くと、おいしい！

丸ごと焼きピーマンとカリカリじゃこ

材料（2人分）

ピーマン … 小5〜6個
ちりめんじゃこ … 大さじ3
削り節 … 適量
しょうゆ … 適量
サラダ油 … 大さじ1/2

作り方

1. ピーマンは丸ごと手でぎゅっとつぶす。

2. フライパンにサラダ油を中火で熱し、ちりめんじゃこを入れてきつね色になるまで炒めて取り出す。

3. 2のフライパンにピーマンを入れ、こんがりするまで木べらで押さえながら2分、裏返して2分ほど焼く。しんなりとしたら器に盛り、削り節、ちりめんじゃこをのせ、しょうゆをかける。

香ばしいごぼうで和風のトッピング

パリパリごぼうと水菜

材料（2人分）

ごぼう … 大1/2本（100g）
水菜 … 1/2袋
紫玉ねぎ … 1/2個
A [しょうが … 1/3片（すりおろす）
　　しょうゆ・オリーブオイル … 各大さじ1/2
　　塩 … 少々]
揚げ油 … 適量

作り方

1. ごぼうは包丁で皮をこそげ、長さ7〜8cm、厚さ3〜4mmの斜め薄切りにする。5分ほど水にさらして水気をきり、ペーパータオルでよくふく。水菜は5cm幅に切り、紫玉ねぎは薄切りにする。

2. フライパンに揚げ油を2cmほどの深さまで注ぐ。低温（160℃）に熱し、ごぼうを入れて返しながら4分ほど揚げる。泡が小さくなったら、強火にしてきつね色になるまで1〜2分揚げて油をきる。

3. ボウルにAを混ぜ、水菜と紫玉ねぎを加えて和える。器に盛り、ごぼうをのせる。

こんがりのコツ　ごぼうは低温で揚げ、仕上げに温度を上げてパリッとさせる。

野菜でこんがり

Japanese Radish Steak
Lotus Root Teriyaki

ほっくりシャキシャキに焼き上げて
焼きれんこんの照り焼き

材料（2人分）

れんこん…160g
A［しょうゆ…大さじ1
　　酒・みりん・砂糖…各小さじ1］
サラダ油…小さじ1
練り辛子…適量

作り方

1. れんこんは皮つきのまま1.5cm厚さの輪切りにする。さっと水にさらしてざるに上げ、水気をふく。

2. フライパンにサラダ油を強めの中火で熱し、れんこんを並べる。3分ほど焼いてこんがりしたら裏返す。水1/2カップ（分量外）を回し入れ、蓋をして弱火にして8〜9分蒸し焼きにする。火が通ったら蓋を外し、余分な水分を飛ばしながら、全体をこんがり焼く。

3. Aを加え、照りよくからめる。器に盛り、練り辛子を添える。

こんがりのコツ
厚く切ったれんこんは火が通りにくいので、蒸して火を通してからこんがりさせる。

白ごはんもすすむ野菜ステーキ
大根ステーキ

材料（2人分）

大根…大1/3本（400g）
　　塩・粗びき黒こしょう…各少々
小ねぎ…適量（小口切りにする）
A［しょうゆ…大さじ1
　　砂糖…大さじ1/2
　　にんにく…少々（すりおろす）］
バター…15g
サラダ油…大さじ1/2

作り方

1. 大根は2cm厚さの輪切りに4枚切る。厚めに皮をむいて切り口に格子状に切り込みを入れる。Aは混ぜる。

2. 大根を耐熱皿に並べ、水大さじ1（分量外）をふる。ふんわりとラップをかけ、600Wの電子レンジで5分半加熱する。水気をきって塩と粗びき黒こしょうをふる。

3. フライパンにサラダ油を中火で熱し、2を並べて焼き色がつくまで2〜3分焼く。裏返してさっと焼き、Aとバターを加えてさっとからめる。

4. 器に盛り、残ったたれをかけ、小ねぎをふる。

丸ごと焼きピーマンとカリカリじゃこ ／ パリパリごぼうと水菜 ／ 焼きれんこんの照り焼き ／ 大根ステーキ

PAGE: 068 — 069

TOFU & EGGS "KONGARI"

豆腐と卵

でこんがり

サクサクに焼き上げた油揚げ。
カリカリのふちがなんとも香ばしい目玉焼き。
じっくりゆっくり、こんがりするのを待つ。
でも、食べるのは一瞬。それがおいしい証拠。

Chive and Tofu Chanpuru

シンプルな素材の中で
豆腐の香ばしさが味の決め手

豆腐とにらの
チャンプルー

材料（2人分）
木綿豆腐…1丁（300g）
玉ねぎ…1/2個
にら…1/2束
塩昆布…大さじ1と1/2
A ┃ 酒…大さじ1
　┃ しょうゆ…小さじ1/2
　┃ 塩…小さじ1/4
サラダ油…大さじ1/2

作り方

1. 木綿豆腐は手でひと口大にちぎってペーパータオルで包み、15分ほど置いて水きりする。玉ねぎは横1cm幅に切り、にらは5cm幅に切る。

2. フライパンにサラダ油を中火で熱し、豆腐と玉ねぎを入れて焼きつける。2分ほどしてこんがりしたら裏返し、さらに2分ほど焼く。

3. 塩昆布、Aを加えて炒め合わせ、にらを加えてさっと炒め合わせる。

こんがりのコツ

こんがりに水気は禁物。豆腐はしっかり水きりして焼き目をつける。

Fried Tofu

しっかり焼いた豆腐は
食べ応え抜群。
甘辛こんがりは満足な味わい

豆腐のかば焼き

材料（2人分）

木綿豆腐…1丁（300g）
小ねぎ…適量（小口切りにする）
A ┃ しょうゆ…大さじ1と1/2
　 ┃ みりん・砂糖…各大さじ1
片栗粉…適量
白炒りごま…適量
粉山椒…適量
サラダ油…大さじ1

こんがりのコツ

たれを加えると焦げやすいので、豆腐に焼き目がついてから仕上げに加える。

作り方

1. 木綿豆腐はペーパータオルで包んで同量程度の重石をし、15分ほど置いて水きりする。Aは混ぜる。

2. 豆腐を端から縦長に1cm幅に切る。ペーパータオルで水気をふき、片栗粉を全体に薄くまぶす。

3. フライパンにサラダ油を中火で熱し、2を並べる。3〜4分焼いてこんがりしたら裏返し、さらに3〜4分焼く。Aを加え[photo]、照りよくこんがりするまでからめる。器に盛り、小ねぎ、白炒りごま、粉山椒をふる。

豆腐と卵でこんがり ⇩ 豆腐のかば焼き ／ 豆腐の生ハムバジルチーズカツレツ

Tofu Steaks Encrusted with Raw Ham, and Basil and Breadcrumbs

粉チーズを混ぜたパン粉で
さらに香ばしくなる!

豆腐の生ハムバジルチーズカツレツ

材料（4人分）

木綿豆腐 … 小1丁（200g）
　塩 … 少々
　こしょう … 少々
生ハム … 8枚
レモン … 適量
薄力粉 … 適量
溶き卵 … 適量
A ┌ ドライパン粉 … 20g
　├ 粉チーズ … 大さじ1
　└ ドライバジル … 大さじ1/2
オリーブオイル … 適量

作り方

1. 木綿豆腐はペーパータオルで包んで同量程度の重石をし、15分ほど置いて水きりする。端から8等分に切って塩とこしょうをふり、豆腐ひと切れに生ハム1枚を巻く。

2. バットに **A** を混ぜる。**1** に薄力粉、溶き卵、**A** の順に衣をつける [photo]。

3. フライパンにオリーブオイルを5mmほどの深さまで注いで中火で熱し、**2** を並べる。1～2分焼いてこんがりしたら裏返し、1～2分焼く。

4. 器に盛り、くし形切りにしたレモンを添える。

しっかりこんがりさせたねぎで、いつもの厚揚げが上品つまみに！

厚揚げの焦がしねぎしょうゆ

材料（2人分）
厚揚げ…1丁（250g）
長ねぎ…1/3本（30g）
A ┌ しょうゆ・酢・砂糖…各大さじ1
　 └ ごま油…小さじ1
サラダ油…適量
練り辛子…適量

作り方

1. 厚揚げは半分に切る。長ねぎは粗みじん切りにする。Aは混ぜる。

2. フライパンにサラダ油小さじ1を中火で熱し、長ねぎを炒める。こんがりとしたら、Aを加えて混ぜる。

3. 別のフライパンにサラダ油小さじ1を強めの中火で熱し、厚揚げを焼く。両面をこんがりするまで焼き、器に盛り、2をかけて練り辛子を添える。

豆腐と卵でこんがり → 厚揚げの焦がしねぎしょうゆ / やみつきレタスの油揚げのっけ

香ばしく焼いた油揚げは、和風サラダの気の利いたトッピング

やみつきレタスの油揚げのっけ

材料（2人分）
レタス…1/2玉（200g）
油揚げ…2枚
刻みのり…適量
白炒りごま…適量
A ［ しょうゆ・ごま油…各大さじ1
　　 練り辛子…小さじ1/3 ］

作り方

1. レタスは大きくちぎって、器に盛る。Aは混ぜる。

2. フライパンに油揚げを入れて強めの中火で熱し、フライ返しでときどき押さえながら両面こんがりするまで焼き[photo]、端から細切りにする。

3. レタスに刻みのり、白炒りごま、油揚げを順にのせ、Aを回しかける。

こんがりのコツ

油揚げはフライ返しで押さえながら焼き、まんべんなくこんがりさせる。

Deep-Fried Tofu on Lettuce

PAGE. 076—077

Sweet and Spicy Omelet

卵をつぶして黄身までこんがり

揚げ卵のエスニックサラダ

材料（2人分）

卵 … 3個
サニーレタス … 3〜4枚
トマト … 小1個
紫玉ねぎ … 1/4個
A ┌ ナンプラー・サラダ油 … 各大さじ1
　└ レモン汁・砂糖 … 各大さじ1/2
サラダ油 … 大さじ3

作り方

1. サニーレタスは大きめのひと口大にちぎる。トマトは薄めの半月切り、紫玉ねぎは薄切りにする。**A**は混ぜる。

2. フライパンにサラダ油を中火で熱し、卵を割り入れる。白身を寄せながらこんがりするまで揚げ焼きし、黄身をつぶして裏返す。両面こんがりしたら、油をきり、半分に切る。

3. ボウルに**1**と**2**を入れる。**A**を回しかけ、ざっくり和える。

ほんのり甘い卵に濃厚だれ！

甘辛卵焼き

材料（2人分）

卵 … 4個
A ┌ 砂糖 … 大さじ1
　└ 塩 … ひとつまみ
B ┌ しょうゆ・酒 … 各大さじ1
　└ みりん・砂糖 … 各大さじ1/2
サラダ油 … 少々

作り方

1. 卵は溶きほぐし、**A**を混ぜる。

2. 卵焼き用フライパンにサラダ油を中火で熱し、卵液の1/4量を流し入れる。フライパン全体に広げ、周りがかたまってきたら向こう側から手前に巻く。巻いた卵を向こう側に寄せ、手前の空いたところに残りの卵液の1/3量を流し入れ、奥の卵焼きの下にも流し、同様に巻く。残りも同様に焼き、よく焼き色をつける。食べやすく切って器に盛る。

3. フライパンに**B**を入れて混ぜ、中火にかける。煮立たせながら軽くとろみがついたら、**2**に回しかける。

Taiwan-Style Fried Egg

シャキシャキ大根がたっぷり

台湾風卵焼き

材料（2人分）

卵 … 4個
切り干し大根 … 20g
小ねぎ … 3本
A ┌ 砂糖・酒 … 各小さじ1
　│ ナンプラー・しょうゆ … 各小さじ1/2
　└ 塩・こしょう … 各少々
ごま油 … 大さじ1
サラダ油 … 適量

作り方

1. 切り干し大根はもみ洗いし、たっぷりの水に10分ほど浸して戻す。卵は溶きほぐし、小口切りにした小ねぎを混ぜる。

2. 小さめのフライパンにサラダ油大さじ1/2を中火で熱し、切り干し大根を炒め、混ぜた**A**を加えてさっと炒め合わせる。

3. **2**にサラダ油大さじ1/2、ごま油を加えて強火にし、**1**の卵液を流し入れる。大きく混ぜ、半熟状になったらフライパン全体に広げ、こんがりするまで1分ほど焼いたら裏返し、さっと焼く。大きめに切って器に盛る。

RICE, NOODLES & BREAD

"KONGARI"

ごはん、麺、パン でこんがり

パンを焼くのは普通だけれど
フライパンで焼くと、さらにおいしい。
ごはんや麺もこんがりさせれば、
いつもより、うんとおいしくなる。

フライパンの底に作った
お焦げもしっかりこそげたい！

あさりのこんがり
フライパンパエリア

材料（3〜4人分）

あさり（砂抜きをする）… 500g
ドライトマト… 30g
玉ねぎ… 1/2個（粗みじん切りにする）
にんにく… 2片（みじん切りにする）
ローリエ（あれば）… 2枚
ライム… 適量（くし形切りにする）
米… 2合
A ┃ 水… 500ml
　┃ 白ワイン… 大さじ3
　┃ 塩… 小さじ1/3
オリーブオイル… 大さじ2

作り方

1. あさりは殻と殻をこすり合わせて洗う。ドライトマトは粗く刻む。

2. フライパンにオリーブオイルとにんにくを入れて中火で熱し、香りが出たら玉ねぎを炒める。しんなりとしたら米を洗わずに加え、透き通るまで炒める。

3. Aを加えて混ぜ、1を散らし、ローリエをのせて蓋をする。弱火にして20〜25分炊く。

4. 火を止め、7〜8分蒸らす。蓋を外し、中火にしてパチパチと音がするまで余分な水分を飛ばしながら加熱する。底にこんがりとしたお焦げができたら、ライムを添える。

> **こんがりのコツ**
> パチパチと音がしたら、お焦げができているサイン。

ごはん、麺、パンでこんがり　あさりのこんがりフライパンパエリア

Clam Paella

Crispy-Fried Egg Over Rice

目玉焼きのふちの
パリパリこんがりが味のアクセント

こんがり卵ごはん

材料（2人分）

卵 … 2個
パクチー … 1株
ディル … 5本
温かいごはん … 2皿分
A ┌ オイスターソース … 大さじ2
　│ 砂糖 … 大さじ1
　└ ナンプラー・水 … 各小さじ1
サラダ油 … 大さじ2
粗びき黒こしょう … 少々

作り方

1. パクチーはざく切り、ディルは葉を摘む。**A**は混ぜる。

2. フライパンにサラダ油を中火で熱し、卵を割り入れる。粗びき黒こしょうをふり、白身のふちがこんがりするまで焼く[photo]。

3. 器に温かいごはんを盛り、卵焼き、パクチー、ディルをのせ、**A**を回しかける。

> **こんがりのコツ**
> - やや多めの油でこんがりさせるのがポイント。
> - 白身がぷくっとするくらいの油の温度をキープする。

Japanese Pepper and Crispy Pork Sushi

甘辛の味つけと、さっぱり酢めしで食欲を誘う

山椒カリカリ豚の混ぜ寿司

材料（2人分）

豚バラ薄切り肉 … 120g
青じそ … 8枚
甘酢しょうが … 30g
白炒りごま … 大さじ1
温かいごはん … 400g
A [実山椒水煮 … 大さじ1
　　しょうゆ … 大さじ1
　　みりん・砂糖 … 各大さじ1/2]
酢 … 大さじ1と1/2
サラダ油 … 小さじ1

作り方

1. 青じそは手で小さくちぎり、甘酢しょうがは粗みじん切りにする。豚肉は3cm幅に切る。Aは混ぜる。

2. 大きめのボウルに温かいごはんを入れ、酢を回しかける。切るように混ぜ、甘酢しょうが、白炒りごまも加えてさっと混ぜる。

3. フライパンにサラダ油を中火で熱し、豚肉を炒める。出てきた脂をペーパータオルでふきながらこんがりするまで炒める。Aを加え[photo]、汁気がなくなるまで炒りつける。

4. 2に3、青じそを加えて混ぜる。

Fried Rice with Bacon, Almonds and Watercress

ごはん、麺、パンでこんがり ⇨ 山椒カリカリ豚の混ぜ寿司 ／ ベーコン、アーモンド、クレソンの焼きめし

ごはんにもしっかり焼き目をつけて！

ベーコン、アーモンド、クレソンの焼きめし

材料（2人分）

ベーコン（ブロック）… 80g
クレソン… 1束
アーモンド（素焼き）… 40g
温かいごはん… 400g
A ┃ 酒・ナンプラー… 各大さじ1
　┃ 砂糖… 小さじ1/2
　┃ 塩・粗びき黒こしょう… 各少々
サラダ油… 大さじ1

作り方

1. ベーコンは7〜8mm角の棒状に切る。クレソンは葉を摘み、軸は1cm幅に刻む。アーモンドは半分程度の大きさに粗く刻む。Aは混ぜる。

2. フライパンにサラダ油を中火で熱し、ベーコンを炒める。こんがりしたらクレソンの軸とアーモンドを加えて炒める[photo]。温かいごはん、Aを加え、ほぐしながら炒め合わせる。

3. ときどきフライパンの底に押しつけながら炒め、ところどころこんがりさせたら、クレソンの葉を加えてさっと混ぜる。

ごはんと具材をドドンとのせて、混ぜながら食べる

焼きさばのっけ寿司

Grilled Mackerel Sushi

材料（2〜3人分）
さば … 半身2枚（正味340g）
　塩 … 小さじ1/4
みょうが … 2個
三つ葉 … 1株
白炒りごま … 大さじ1
温かいごはん … 300g
A ┃ 酢 … 大さじ1と1/2
　 ┃ 砂糖 … 大さじ1/2
　 ┃ 塩 … ひとつまみ
サラダ油 … 大さじ1/2

作り方

1. さばは骨を抜いて半分に切る。皮目に切り込みを入れる。塩をふり、10分ほど置いてペーパータオルで水気をふく。みょうがは薄い小口切り、三つ葉は葉を摘み、軸は2cm幅に切る。Aは混ぜる。

2. 温かいごはんにAを回しかけ、さっくりと切るように混ぜて器に盛る。

3. フライパンにサラダ油を中火で熱し、さばの皮面を下にして焼く。2分ほど焼いてこんがりしたら裏返し、弱火にして4分ほど焼く。

4. 2の器にみょうが、三つ葉、さばを盛り合わせ、白炒りごまをふる。

Yakisoba Noodles with Salt and Seared Green Onion

豚肉とねぎは焼き目がつくまで、触らず、じっくりと

焦がしねぎ塩焼きそば

材料（2人分）

豚バラ薄切り肉…120g
　　塩…少々
　　粗びき黒こしょう…少々
長ねぎ…大1本
にんにく…2片（薄切りにする）
中華蒸し麺…2玉
A ┃ 酒…大さじ2
　 ┃ 塩…小さじ2/3
　 ┃ しょうゆ…小さじ1/2
サラダ油…大さじ1/2

作り方

1. 長ねぎは1cm幅の斜め切りにする。豚肉は5cm幅に切り、塩と粗びき黒こしょうをふる。

2. 中華蒸し麺は耐熱皿にのせてふんわりとラップをかける。600Wの電子レンジで2分加熱してほぐす。

3. フライパンにサラダ油、にんにくを入れて中火で熱し、香りが出たら豚肉と長ねぎを入れて炒める。肉の色が変わったら動かさずに1〜2分焼きつける。

4. 中華蒸し麺とAを加え、さっと炒め合わせる。

Grilled Rice Balls Filled with Bonito Flakes and Cheese

Bacon-Wrapped
Rice Balls
with Pepper Rice

おかずのいらないおにぎり。
お弁当に！

ペッパーライスの
ベーコン巻きおにぎり

材料（小4個分）

温かいごはん…250g
ベーコン…4枚
パセリ…大さじ1（みじん切りにする）
粗びき黒こしょう…小さじ1/2
しょうゆ…少々

作り方

1. ボウルに温かいごはん、パセリ、粗びき黒こしょうを入れて混ぜる。手に水をつけて1/4量ずつ俵形ににぎり、ベーコンを巻く。
2. フライパンにベーコンの巻き終わりを下にして並べ、中火にかける。巻き終わりがくっつくまで焼いたら転がしながら、こんがりするまで焼く。しょうゆを垂らし、さっとからめる。

こんがりのコツ
仕上げのしょうゆで、さらにこんがりさせる。

焦げたチーズとおかかは絶妙な相棒

おかかチーズ
焼きおにぎり

材料（小4個分）

温かいごはん…200g
A ┌ ピザ用チーズ…30g
  │ 削り節…5g
  └ しょうゆ…小さじ1/2
塩…適量
しょうゆ…少々

作り方

1. ボウルに温かいごはんとAを入れて混ぜる。手に水、塩をつけて1/4量ずつ三角形ににぎる。
2. フライパンに1を並べ、こんがりするまで両面を焼く。しょうゆを垂らし、さっとからめる。

しょっぱいマフィンに甘いメイプルが最高

パンペルデュ

材料（2人分）

イングリッシュマフィン … 2個
ソーセージ … 4本
トマト … 小1個
A ┃ 溶き卵 … 1個分
　 ┃ 牛乳 … 1/2カップ
塩 … 少々
バター … 20g
オリーブオイル … 適量
メイプルシロップ … 適量

作り方

1. イングリッシュマフィンは横半分に割る。バットにAを混ぜ、マフィンを入れ、ときどき返しながら卵液がすべて染み込むまで20分ほど置く。トマトは横半分に切る。

2. フライパンにバターを中火で熱し、マフィンを並べる。弱火にし、両面こんがりするまで2〜3分ずつ焼き[photo left]、器に盛って塩をふる。

3. 別のフライパンにオリーブオイルを中火で熱し、ソーセージとトマトを入れ、それぞれこんがりするまで焼く。2の器に盛り合わせ、メイプルシロップを回しかける。

Pain Perdue

ハムもチーズもたっぷり挟んで焼き上げる！

モンテクリスト

材料（2人分）
食パン（8枚切り）…4枚
ロースハム…4枚
スライスチーズ…4枚
A ┌ 溶き卵…2個分
　└ 牛乳…1カップ
バター…20g

作り方

1. 食パンは2枚1組にし、ロースハムとスライスチーズを2枚ずつ挟む。
2. バットにAを混ぜ、1を入れ、ときどき返しながら卵液がすべて染み込むまで20分ほど置く。
3. フライパンにバター半量を中火で熱し、2を入れる。弱火にして両面こんがりするまで2〜3分ずつ焼き、取り出して塩少々（分量外）をふる。食べやすく切って器に盛り、残りのバターをのせる。

ごはん、麺、パンでこんがり ⇨ パンペルデュ ／ モンテクリスト

Monte Cristo

Hot Sandwiches with Eggs and Sautéed Cabbage

ぎゅーぎゅー押しつけて焼けば、
しっかりカリカリ

卵と炒めキャベツのフライパンホットサンド

材料（2人分）
食パン（6枚切り）…2枚
　バター…適量
　練り辛子…適量
キャベツ…3枚（150g）
トマトケチャップ…適量
卵…1個
塩…適量
こしょう…適量
バター…20g
オリーブオイル…適量

作り方

1. キャベツは細切りにする。食パンは2枚1組にし、内側になる面にバター、練り辛子を塗る。

2. フライパンにオリーブオイル小さじ1を中火で熱し、卵を割り入れる。2分ほど焼いてこんがりしたら裏返し、弱火にして3〜4分焼いて塩少々をふる。

3. フライパンにオリーブオイル小さじ1を足し、キャベツをしんなりとするまで炒め[a]、塩ひとつまみ、こしょう少々をふる。

4. 食パンにキャベツ、目玉焼きをのせ[b]、トマトケチャップをたっぷりかけて、もう1枚を重ねる。

5. フライパンにバターを入れて中火で熱し、4を入れる。平らな鍋の蓋などでぎゅっと押さえながら[c]、こんがりするまで2分、裏返して1分ほど焼く。2つに切って器に盛る。

> **こんがりのコツ**
>
> ぎゅっと押さえながら焼くことで、プレスされたような色と食感になる。

ごはん、麺、パンでこんがり ⇩ 卵と炒めキャベツのフライパンホットサンド

市瀬悦子

大学卒業後、食品メーカーの営業から、料理の世界へ飛び込む。『おいしくて、作りやすい家庭料理』にこだわる料理研究家として書籍、雑誌、テレビ、イベントで活躍中。「こんがりがおいしい料理って最高だよね!」と、自他ともに認めるこんがり好き。『これでいいんだ! 自炊ごはん』(学研プラス)など著書多数。

⇒ http://www.e-ichise.com

こんがり偏愛レシピ
焼き目がごちそう! 香ばしさが調味料!!

撮影　　　　木村 拓(東京料理写真)
スタイリング　中里真理子
デザイン　　　岡村佳織
編集　　　　　小池洋子(グラフィック社)

2019年9月25日　初版第1刷発行

著者　　市瀬悦子
発行者　長瀬 聡
発行所　株式会社グラフィック社
　　　　〒102-0073
　　　　東京都千代田区九段北1-14-17
　　　　tel.03-3263-4318(代表)　03-3263-4579(編集)
　　　　郵便振替　00130-6-114345
　　　　http://www.graphicsha.co.jp

印刷・製本　図書印刷株式会社

定価はカバーに表示してあります。
乱丁・落丁本は、小社業務部宛にお送りください。小社送料負担にてお取り替え致します。
著作権法上、本書掲載の写真・図・文の無断転載・借用・複製は禁じられています。
本書のコピー、スキャン、デジタル化等の無断複製は著作権法上の例外を除いて禁じられています。
本書を代行業者等の第三者に依頼してスキャンやデジタル化することは、
たとえ個人や家庭内での利用であっても著作権法上認められておりません。

ISBN978-4-7661-3324-0
Printed in Japan